Bärbel Mechler

WIR BLEIBEN VERBUNDEN

Spirituelle und stärkende Rituale für Trauernde

IRISIANA

Für Wolfgang,

in der Lichtwelt

und doch bei uns

Ich möchte den lieben Menschen,
den Sie vermissen,
auch weiterhin so benennen.
Er hat seinen Körper zurückgelassen,
dennoch ist er für Sie immer noch der,
der er war.

Inhalt

Zur besseren Lesbarkeit wird in diesem Buch das generische Maskulinum verwendet. Alle Personenbezeichnungen beziehen sich selbstverständlich wertschätzend und respektvoll auf alle Geschlechter.

Vorwort

Ich möchte Ihnen zu Beginn dieses Buches von meinem persönlichen Erleben berichten. Es ist nicht leicht, eigene tiefe Erfahrungen öffentlich zu machen. Aber ich wage das, um Ihnen zu zeigen, dass ich selbst erlebt und durchlebt habe, was Sie jetzt gerade erleiden. Und ich vertraue darauf, dass meine Gefühle und Erinnerungen bei Ihnen in guten und achtsamen Händen sind. Trauer ist nichts, in das man sich von außen hineinversetzen kann. Nur der kann sie begreifen, dessen eigenes Herz sie schmerzlich erfasst.

Ich möchte Sie heute ermutigen, in Ihren schwierigen Zeiten stärkende und vertrauensvolle Erfahrungen zu machen und einen Hauch der vielen kleinen »Portale« zwischen den Welten zu erahnen. Es ist vielleicht unsere größte Herausforderung überhaupt, in dem Greifbaren und dem Unbegreiflichen das eine große Leben zu erkennen. Unser Verstand wird möglicherweise nicht in der Lage sein, dies zu erfassen. Aber unsere Liebe kann diese Brücke erschaffen – sie allein ist die stärkste Macht des Lebens. Vertrauen Sie Ihrer Liebe, dass sie zutiefst lebendig und beseelt ist und deshalb den Weg zu Ihrem geliebten Menschen auch jetzt noch finden wird. Dies ist mein großer Herzenswunsch für Sie.

Ihre Bärbel Mechler

Eines Tages wird sich die Menschheit etwas erzählen, was
dann nur noch wie eine alte Legende klingen wird – von Zeiten,
als die Menschen so blind waren, dass sie nur glaubten,
was sie sehen wollten, und nur sehen wollten, was sie
auch anfassen konnten …
Und nur berühren konnten, was sie in ihren Köpfen
auch denken konnten.

Daniel Meurois

in *Parallele Universen* (Silberschnur Verlag) auf Seite 185

Mein persönlicher Abschied

Die Heimkehr

Das Leben schien mir von jeher ein guter Lehrer zu sein. Und im Laufe der Zeit gelangte ich mehr und mehr zu der Einsicht, allezeit im richtigen Moment am richtigen Ort zu sein, ganz gleich, ob es mir angenehme oder unattraktive Erfahrungen eröffnete. Ich trug das tiefe Vertrauen in mir, dass alles, was mir geschieht, wohlwollend in die große, göttliche Ordnung eingebettet ist und mir wichtige Erkenntnisse zu vermitteln vermag. Dennoch kam ich nicht umhin, stets vor dem Moment zu bangen, da mein Mann und ich einmal unwiderruflich Abschied voneinander nehmen müssten und sich das kostbare Band, das uns so sicher in dieser Welt zusammenhielt, auflösen würde.

Ich fürchtete mich sehr vor dem traurigen Moment, wenn einer von uns beiden niedergeschlagen und resigniert am Grab des anderen stehen wird und sich in tiefster Hoffnungslosigkeit und Verzweiflung zurückgelassen sieht. Wie sollte danach das Leben weitergehen, allein und ohne den Partner, der doch immer da war, seit Jahrzehnten, und beständig jedem Tag Liebe, Form und Inhalt gab? Und wie leer sollten die Tage werden ohne den Zauber unserer Zweisamkeit?

Für mich war mein Mann der einzigartige Mensch, der immer zu mir stand, mich lieben konnte, wenn ich es nicht vermochte, mir Mut zusprach und an mich glaubte, wenn ich an mir zweifelte, mich so wundervoll versorgte, beschützte und verwöhnte. Seine Kraft und Entschlossenheit schenkten mir allgegenwärtige Geborgenheit. Er war mein Ratgeber, mein treuer Begleiter auf meinem Weg und in vielerlei Hinsicht auch mein Lehrer, wenn wir aufgrund von Unterschieden, die manchmal wohl nicht größer hätten sein können, aufgerufen waren, aneinander zu wachsen. Er war so viel und noch so vieles, unendlich vieles mehr. Besitzt doch jede Seele ihre unermessliche Tiefe und einen grenzenlosen Reichtum an Gedanken, Gefühlen und Möglichkeiten. Nie konnte ich mit Sicherheit sagen, ihn ganz und gar zu kennen. Immer wieder war da etwas Neues, das mich überraschen und begeistern konnte. Und wenn sein strahlendes Lächeln aus seinen Augen funkelte, strömte unendliche Freude in mich hinein.

Unser Weg schien festzustehen. Doch dann kam das Schicksal dazwischen. Er war erwählt, als erster von uns beiden die große Heimreise anzutreten.

Mein Mann erhielt wie aus heiterem Himmel die Diagnose einer sehr schweren, unheilbaren Krankheit, die keine Hoffnung, aber dafür unermesslich viel Sorge und Angst mit sich brachte. Unvermittelt mussten wir die erschreckende Erfahrung machen, wie schnell Pflegebedürftigkeit und palliative Schmerzversorgung einen bedrohlichen, dunklen Schatten in unser Leben warfen.

Lange, schwere Therapiezeiten sollten vor ihm liegen, die großen Schmerz und großes Leid bedeuteten, mit der vagen Hoffnung, noch etwas Lebenszeit zu gewinnen. Aber was für ein Leben sollte das sein? Könnte man überhaupt noch von einem lebenswerten Leben sprechen? Und wie würde es letztlich weitergehen, wenn die erkämpfte Verlängerung aufgebraucht war und die Krankheit ihren grausamen Tribut einforderte?

Tief in mir fühlte ich bereits die Gewissheit, dass es nicht in meinen Händen lag, ihn in irgendeiner Weise zu beschützen; sein Schicksal schien für mich besiegelt. Es wird Sie nicht wundern, dass der Gedanke, meinen Mann leiden zu sehen, für mich unerträglich war. Und in mir manifestierte sich mehr und mehr der Wunsch, dass er alles hinter sich lassen und nach Hause gehen dürfe. An diesen lichtvollen Ort, wo wir umgeben von Engeln, Freunden und Familie zutiefst geborgen sind, wo es keine Schmerzen mehr gibt, weder Sorgen noch Nöte, wo man nichts mehr beweisen, sich nicht plagen oder bewähren muss. Es ist diese heile Welt, die keine Vergangenheit und Zukunft kennt, wo keine sinnlosen Ziele existieren, wo man nur bedingungslos geliebt wird und selbst bedingungslos lieben darf, diese Welt des Unaussprechlichen. Es ist das Eintauchen in einen wahrhaft paradiesischen Zustand.

Diese Heimkehr wurde mein vorherrschender Wunsch für ihn. So verhält es sich wohl immer mit der Liebe. Sie fließt ganz selbstverständlich, ohne Zögern und Vorbehalte aus dem Herzen hin zu dem geliebten Menschen, nur besorgt um dessen Glück und Befreiung. Und sie gibt uns die Kraft, in nie gekannter Weise über uns selbst hinauszuwachsen. Denn eines hatte ich verstanden: Es ging hierbei nicht um mich. Es ging ganz allein um ihn, meinen Mann, um seine Gnade der Erlösung. Er gab in diesem Leben alles, was er zu geben hatte, war Tag für Tag und Stunde für Stunde um unser und das Wohl anderer bemüht. Nichts war ihm zu schwer, nichts zu viel. Sein Fokus lag alleine auf dem Wohlergehen unserer Familie. So sollte er nun in dieser ausweglosen Situation, in der er selbst einer unlösbaren Konfrontation gegenüberstand, gerettet werden. Er hatte es so sehr verdient.

Es schien, als wurde meine Bitte erhört. Nach wenigen Wochen durfte mein Mann unerwartet durch einen Herzinfarkt seinen todkranken Körper verlassen und in seine wirkliche Heimat, aus der er einst gekommen war, zurückkehren.

Wie wir Trauer erleben

Ich blieb nach dem Heimgang meines Mannes zunächst mit sehr zwiespältigen Gefühlen zurück, die nicht gegensätzlicher hätten sein können. Einerseits waren da die tiefe Trauer und Ohnmacht, andererseits aber auch das Gefühl oder besser: die Überzeugung, dass er gerettet und in die Leichtigkeit und Schönheit der anderen Welt eingetaucht war, was mein Herz gleichzeitig mit großer Erleichterung und Frieden erfüllte.

Aber noch etwas anderes kam hinzu: Es war dieses zarte, doch sichere Gefühl, dass er auf sanfte und liebevolle Art mit uns verbunden blieb. Immer wieder nahm ich seine unendlich lichte Gegenwart wahr, die mich fühlen ließ, dass er bei uns geblieben war und dass alles gut werden würde. Diese Erfahrung setzte sich auf ermutigende Weise fort und spendete mir viel Trost und Hoffnung in dieser so schweren Zeit. Er war also mit uns in Verbindung geblieben – wenn auch nicht sichtbar oder greifbar, so doch spürbar, nur durch einen dünnen Schleier unterschiedlicher Daseinsformen getrennt. Und ich war mit meinem ganzen Herzen bereit und offen für ihn. Diesen Aspekt der Trauerbewältigung möchte ich in den kommenden Gedanken anklingen lassen, mit der Zuversicht, dass Sie ähnliche wärmende und wohltuende Erfahrungen durchleben mögen.

Dennoch erlebte ich wahrscheinlich genauso wie Sie diese unstillbare Sehnsucht, den geliebten Menschen wieder zurückzubekommen, ihm nahe zu sein, ihn zu berühren; dieses glühende Verlangen, sich aneinander festzuhalten, sich auszutauschen und vor allem Liebe zu schenken. Und so wichtig es ist, all diese tiefe Trauer zuzulassen, ihr Raum und Zeit zu geben, nichts zu verdrängen oder zu unterschätzen, so heilend habe ich es empfunden, offen zu sein für Neues und ihm ganz und gar lebendig im Herzen zu begegnen. Wir sind keineswegs zum passiven Erleiden verurteilt. Denn wir alle haben tief in uns einen heiligen Raum, der unversehrt und ganz ist. Er steht in Verbindung mit allem, was lebt, ganz gleich ob es im Hier und Jetzt oder in der anderen Welt ist. Sich ihm zu nähern kann bedeutend zu Ihrer eigenen Heilung beitragen. Das ist wahrscheinlich viel mehr, als Sie bisher angenommen haben. Denn der Schritt aus der Ohnmacht in aktives Handeln ist eine lebendige Trauerpraxis, die Kraft und Hoffnung schenkt. Es ist die bewusste Entscheidung für ein neues und erfülltes Leben.

Wir sind in dieser Welt, aber nicht von dieser Welt.

Nach Johannes 17, 11-19

Lebendiger Trauerprozess

Die Zeit überwinden

Trauerarbeit ist nichts Passives, sondern ein aktiver, lebendiger Prozess.

Ich möchte Sie heute einladen, sich ganz neuen Räumen zuzuwenden, um dadurch mit Ihrem lieben Menschen auf eine nicht unmittelbar greifbare, aber doch existierende Weise verbunden zu bleiben. Sie öffnen sich dadurch der Möglichkeit, sich mit ihm auch weiterhin vereint zu fühlen. Doch dies ist noch nicht der ganze Zauber. Sie gewähren Ihnen beiden ebenso die wertvolle Chance, zu zweit Ihre Vergangenheit noch einmal zu betrachten und ganz neu zu bewerten – und zwar mit den Augen reinster Liebe.

So können Sie Ihre gemeinsamen Erlebnisse erneut im Geiste aufrufen, dankbar sein für alles Kostbare, das Sie sich gegenseitig geschenkt haben, und mit Stolz darauf blicken. Aber auch all das, was Sie gerne anders getan oder schöner gesagt hätten, was Sie übersehen haben, und die Verletzungen, die Sie sich möglicherweise zugefügt haben, können Sie nun bewusst in ein neues Verständnis setzen und in gegenseitige Hingabe verwandeln. Die Zeit ist lediglich eine Erscheinung dieser Erde. Aber im großen Sein der geistigen Welt, im Herzen Gottes, existieren diese Einschränkungen nicht. Es gibt immer nur ein Leben, und es ist ganz gleich, auf welcher Seite wir stehen. Und es ist nicht gestern oder morgen. Leben gibt es immer nur im Jetzt, im gegenwärtigen Moment. So ist es für Neuanfänge und eine neue, immer noch lebendige Beziehung auch nie zu spät.

Ich habe mit vielen Trauernden gesprochen, und sie machten sich alle den gleichen Vorwurf, dieses »Ach, hätte ich doch nur». Als ihnen jedoch klar wurde, dass es dabei nicht bleiben muss, waren sie bereit, es in ein befreiendes »Dann mache ich es jetzt« zu verwandeln. Und das ist ein überaus heilendes Gefühl.

Der Umgang mit dem Tod

Ich möchte Sie herzlich einladen, quasi mit meinen Augen einen Blick auf dieses Thema zu werfen: Wir leben in einer merkwürdigen Gesellschaft. Viele Menschen sind zwar auf sehr unterschiedliche Weise religiös – sie glauben an einen Gott und an ein Leben nach dem Tod. Dieser Glaube kann sich in der Zugehörigkeit zur Kirche oder zu anderen christlichen Gemeinschaften ausdrücken, in der Anlehnung an andere Religionen und Glaubenssysteme oder einfach einer eigenen Überzeugung entspringen. Geglaubt wird also vielerlei, viele Menschen sprechen sogar überzeugt oder schwärmerisch vom Himmel und Engeln. Aber niemand möchte gern auf die andere Seite wechseln. Ganz im Gegenteil, die Nachricht vom Tod eines Menschen erzeugt fast immer Betroffenheit und Schrecken und sehr oft Angst. Man hört auch selten, dass jemand gehen »durfte«, denn sterben »muss« man bekanntlich.

Widersprüche

Für mich fühlte sich diese Haltung schon in jungen Jahren sehr widersprüchlich an: Einerseits gab es den Glauben an ein Leben danach, an Engel und den Himmel, und andererseits gab es die Haltung gegenüber dem eigenen oder dem Tod geliebter Menschen. Das schien nicht zusammenzupassen. So entschloss ich mich, eigene Erfahrungen zu machen, und begleitete sterbende Menschen bei ihrem Übergang. Für diese kostbare Möglichkeit bin ich unendlich dankbar. Sie hat mein Leben sehr bereichert und mich mit der Welt hinter dem Schleier des Sichtbaren vertraut gemacht. Denn zuvor war auch ich in der naiven Erwartung gefangen, dass das Sterben etwas Furchteinflößendes sei, wenn sich die Menschen so konsequent dieser Seite des Lebens versperrten. Doch dann durfte ich die überwältigende Erfahrung teilen, dass wir von wundervollen Lichtwesen abgeholt und hinübergetragen werden. Ich erfuhr, dass niemand alleine durch diese Pforte gehen muss und sich womöglich orientierungslos in einer anderen Dimension verlieren könnte. Nein, ganz im Gegenteil war ich Zeugin davon, dass unser Nach-Hause-Kommen liebevoll vorbereitet ist. Wir werden mit inniger Sehnsucht erwartet. Dies habe ich von Sterbenden gelernt. Und davon möchte ich Ihnen gerne ein wenig berichten, weil es so guttut, unseren geliebten Menschen in einer geborgenen Welt zu wissen.

Das Licht ohne Quelle

Und noch eine andere Erfahrung sicherte meine Überzeugung: Als kleines Mädchen konnte ich ganz selbstverständlich in diese Lichtwelt blicken, wo dieses unbeschreibliche Licht ohne Quelle aus sich selbst heraus leuchtet und keinen Schatten wirft. Ich habe diesen heiligen Ort als allumfängliche Liebe, Schönheit, Anmut und Vollkommenheit erfahren. Er ist in jeder Hinsicht Heimat. Mir war damals nur nicht klar, dass dies unser eigentliches Zuhause ist, das wir verlassen haben, um hier auf der Erde zu leben. Wie hätte ich so etwas auch wissen können; ich war noch ein kleines Kind, das alles, so wie es ihm begegnete, aufnahm, ohne es anzuzweifeln oder zu hinterfragen.

Meine Fähigkeit, in die andere Welt zu blicken, hatte sich mir schon sehr früh und unerwartet offenbart. Ich erinnere mich noch so deutlich daran, als sei es erst gestern gewesen. Es war an einem warmen Sommertag, als ich vor unserer Haustüre saß und auf die Nachbarskinder zum Spielen wartete. Mir schien das Warten endlos, und ich langweilte mich. Ohne einen bestimmten Gedanken im Sinn richtete ich meinen Blick auf die Bäume, die schräg gegenüber auf der anderen Straßenseite standen. Und da passierte es. Plötzlich sah ich die Bäume in einer lichtvollen Aura und sah das reine Leben in ihnen pulsieren. Es war ein unbeschreiblicher Zauber, der sich mir offenbarte. Doch es war nicht nur das Sehen, ich konnte dieses Leben richtiggehend fühlen, als Vollkommenheit und Schönheit einer durch und durch zauberhaften Welt. Diese Erkenntnis war überwältigend und unendlich beglückend.

Ab diesem Tag war es mir möglich, wann immer ich es wollte, mich dieser Erfahrung zu öffnen. Ich wusste, dass diese Welt sich mir zeigte, weil meine Gedanken für einen kurzen Moment zur Ruhe kamen. So setzte ich mich immer wieder an die gleiche Stelle, blickte zu den Bäumen und sprach lautlos eine Art Mantra: »Nichts denken, Bärbel, nichts denken, nichts denken.« Und sobald es in mir ruhig wurde, öffnete sich der Schleier. Zunächst nahm ich an, dass diese leuchtende Welt nur in der Natur existiert. Aber eines Tages blickte ich »ohne zu denken« auf die Menschen, die an mir vorübergingen. Und obwohl man sich in unserer Nachbarschaft mit starken Vorbehalten begegnete und manche überzeugt waren, besser zu sein als andere, sah ich zu meiner Überraschung, dass in jeden Menschen ein goldenes Licht durch seinen Kopf hindurch in den Körper fließt. Verblüfft nahm ich wahr, was das für ein Licht war: Es war Liebe, reine bedingungslose Liebe, deren Existenz mich vollkommen überraschte. Sofort meldeten sich meine Gedanken zurück, und die Lichtwelt verschloss sich wieder. »Weshalb werden ausgerechnet diese Nachbarn, die schlecht übereinander reden und nicht selten mit uns Kindern schimpfen, geliebt, und von wem?«, fragte ich mich. Und warum konnten sie diese Liebe nicht fühlen? Ich hatte keine Ahnung, ich wusste nur, dass das Licht aus dem Himmel kam und jeder es wert war, geliebt zu werden, ganz gleich, was er tat. Es hatte nichts mit der Person zu tun.

Ich erinnere mich noch gut, wie ich zu meiner Mutter rannte und fragte: »Du hast doch gesagt, dass wir uns von den und den Leuten fernhalten sollen? Das stimmt doch? Aber ich habe gerade in ihnen ein goldenes Licht gesehen, das vom Himmel kommt. Und das ist Liebe.« Meine Mutter war so erschrocken, dass sie mir auf der Stelle verbot, mich weiter damit zu beschäftigen oder gar darüber zu sprechen. Doch wenn das Leben uns ruft, wird es uns auch finden. So waren diese Erfahrungen der Beginn einer sehr sensitiven Wahrnehmung, in der sich mir die geistige Welt nach und nach eröffnete und mich mit sich vertraut machte.

Durch das Leben in materiellen Körpern lassen wir uns für eine bestimmte Zeit »in den Außendienst versetzen«, um Erfahrungen zu durchleben, die wohl für unsere Seelen bedeutsam sind. Dahinter steht eine Welt von unaussprechlicher Schönheit und Reinheit. Unser Zuhause. Diesen Ort haben wir alle also vor langer Zeit als Reisende verlassen, um das Abenteuer des Menschseins zu wagen.

Aber damit geht auch das große Vergessen einher, dass wir alle tief in uns leuchtende Seelen einer vollkommenen Welt sind. So verwundert es nicht, dass für viele Menschen der Tod nicht zum Leben gehört und er sie zutiefst verunsichert.

Wir müssen alle die traurige Wahrheit des physischen Verlustes schmerzhaft anerkennen, aber nicht als Tatsache, dass der Tod das Ende allen Lebens ist. Ich möchte Sie nicht dazu bewegen, an etwas zu glauben; ich möchte Sie jedoch gerne einladen, sich Zeit zu nehmen, ein wenig in diesen himmlischen Raum hinein zu spüren. Wer selbst einmal von diesem Frieden berührt wurde, der nennt seine Erfahrung nicht mehr Glauben, sondern Gewissheit. Und dieses Wissen vermittelt unendlich viel Trost und Sicherheit.

Was die Raupe Ende der Welt nennt,
nennt der Rest der Welt Schmetterling.
Laotse

Erfahrungen mit Sterbenden

Berührung mit der Lichtwelt

Wir Menschen erleben unsere Erfahrungen nicht nur für uns selbst, sondern sie vermögen auch wertvolle Inspirationen für andere sein. So können wir uns alle in besonderer Weise gegenseitig bereichern. Deshalb möchte ich Ihnen, bevor ich zum eigentlichen Kern dieses Buches, den Ritualen, übergehe, einen kleinen Einblick in meine Erlebnisse bei der Begleitung Sterbender ermöglichen, die beispielhaft aufzeigen, wie nahe und real diese wundervolle Lichtwelt ist, auf die ich mich in diesem Buch beziehe.

Meine Großtante Gertrud

Als meine Mutter und ich an ihr Sterbebett traten, war Gertrud nicht mehr in der Lage, mit uns zu sprechen. Einzig auf meine Frage, ob sie uns verstehen könne, antwortete sie mit einem leisen, gehauchten Ja. Still saßen wir hilflos an ihrem Bett und hielten ihre Hände, während ihr Körper regelmäßig von Krämpfen, sehr ähnlich den Wehen einer Geburt, erfasst wurde. Nach einer Stunde passiven Daseins entschloss ich mich, sie in ihrem Prozess aktiv zu unterstützen und fragte sie sicherheitshalber zwei Mal hintereinander, ob sie mich gut verstehen könne. Beide Male hauchte sie ein schwaches »Ja«. Gertrud war unverheiratet, und ihre stärksten

Bezugspersonen waren ihre Eltern gewesen. So tastete ich mich behutsam vor und fragte, ob ihre Mutter bei ihr sei, was sie ebenfalls mit einem »Ja« beantwortete.

Ich fragte weiter nach ihrem Vater: »Ja.«

Und da sie christlich geprägt war, auch nach ihrem Schutzengel: »Ja.«

Nach Jesus: »Ja.«

Und sicherlich waren noch viel mehr Engel und ehemalige Familienmitglieder anwesend. Nun beugte ich mich über sie und flüsterte ihr zu: »Jesus, dein Engel und deine Eltern sind hier, um dich liebevoll nach Hause zu holen. Du darfst deinen Körper nun verlassen. Ich werde mich später um ihn kümmern und ihn schön machen für seinen letzten Weg zurück zu Mutter Erde. Aber du darfst jetzt gehen. Jesus reicht dir die Hand. Kannst du es sehen?« – »Ja!« – »Nun greife nach seiner Hand und gehe, und zwar JETZT!« Und genau in diesem Moment atmete meine Tante zum letzten Mal aus und ging zurück in ihr wahres Zuhause. Meine Mutter, die sich mit der geistigen Welt und dem Sterben bis dahin nie beschäftigt hatte, war wie vor den Kopf geschlagen. Sie lief im Zimmer auf und ab und sagte immer wieder fassungslos: »Sie ist gestorben, weil du es gesagt hast. Sie ist gestorben, weil du sagtest, sie solle JETZT gehen.« Diese Erfahrung war für sie deshalb so überwältigend, weil sie nie für möglich gehalten hätte, dass das Sterben ein aktiver und dynamischer Prozess ist, den wir mitgestalten können. Für sie war es eher ein ungewolltes Herausreißen aus dem Leben, aber ganz sicher nicht ein klarer Übergang in eine Welt, die uns erwartet und die wir bewusst und frei betreten können. Gertrud schenkte uns in ihrer letzten Stunde diesen kostbaren Schatz, für den wir ihr von ganzem Herzen dankbar sind.

Ein vorbildlicher Mensch

Eine ebenfalls ganz wunderbare Erfahrung schenkte mir ein sehr würdevoller, vornehmer und von Altersweisheit getragener Herr. Er war Arzt gewesen und den älteren Menschen der Stadt noch in lebhafter Erinnerung für seine Hingabe an seinen Beruf und seine tiefe Bescheidenheit. Immer wieder hörte ich Geschichten, dass ihm nie etwas zu viel gewesen sei und wie er auch nachts bei Wind und Wetter aufgebrochen sei, um seine Patienten zu versorgen. Und oft genug soll er sich dagegen verwehrt haben, von armen Menschen ein Honorar anzunehmen. So entspannt und hingebungsvoll wie er lebte und arbeitete, bereitete er sich lange und bewusst auf seinen Heimweg vor. Und als dieser Tag kam, saß er aufrecht in seinen Kissen und begrüßte mich wie immer sehr herzlich. Noch ehe ich etwas sagen konnte, lächelte er mich an und meinte, dass heute der Tag seiner Heimkehr sei und er voller Glück darauf zugehe. Für uns beide sei es aber der Tag des Abschieds. Deshalb nahm er meine Hand fest in seine, bedankte sich liebevoll bei mir für die gemeinsame Zeit, die uns miteinander verband, und verwies voller Zuversicht auf die Zukunft, in welcher wir uns wiedersehen würden. Sofort fiel mir seine Frau ein, die in einem Pflegeheim am anderen Ende der Stadt lebte. Also fragte ich nach, ob ich sie rufen solle. Lächelnd verneinte er dies. Mit einem Zwinkern ließ er mich wissen, dass seine Frau im Gegensatz zu ihm eher von sehr lebhafter Natur sei, Angst vor dem Tod habe und deshalb hier die Ruhe aufheben würde, wo er doch seinen letzten Weg besonnen und bewusst antreten möchte. Das Einzige, das ich für ihn tun durfte, war, den Pfarrer zu ihm zu bitten.

Mit seinen letzten Worten an mich strahlte er mich an und sagte: »Bärbel, ich sehe einen lichtvollen Weg vor mir.« Er hatte einen wundervollen Übergang.

Dieser vornehme Herr war für mich in meinen jungen Jahren ein großes Vorbild von Würde und seiner Fähigkeit, in sich zu ruhen. So wie er lebte, so trat er aus dieser Welt. Und auch ich weiß, dass wir uns wiedersehen werden. Und dies wird ganz herrlich sein. Bis dahin aber wird er ein lebendiges Vorbild für mich bleiben.

Ein verheißungsvoller Besuch

In einem Pflegeheim lebten zwei befreundete Damen viele Jahren vertraut und zufrieden miteinander in einem Zimmer. Alles, was sie taten, taten sie gemeinsam. Und das war schön. Als eines Tages die ältere verstarb, blieb die Freundin zutiefst verlassen zurück. Ihr Alltag war mit einem Mal leer und perspektivlos. Doch bald berichtete sie mir freudig, dass ihre Freundin sie gerufen habe und dass sie sehr bald nachkommen dürfe. Dieser Gedanke schenkte ihr wieder Zuversicht. Ihre Hoffnung erschien für alle anderen um sie herum unbegründet, da sie sich in einem relativ stabilen Gesundheitszustand befand. Als ich nach wenigen Tagen wieder ihr Zimmer betrat, schien sie von einem Geheimnis umgeben zu sein. Auf eine geheimnisvolle Art leuchtete sie von innen heraus. Sie fragte mich sofort, ob ich die ganz in weiß gekleidete Dame, die seit gestern auf ihrem Bett sitze, auch sehen könne. Ich verneinte und sagte, dass diese Dame wohl nur für sie da sei. So berichtete sie mir weiter, dass sie sehr schön sei und ihr unentwegt freundlich zulächle. Ihre Gegenwart sei überaus angenehm.

Für mich stand fest, dass die alte Dame nun aktiv auf ihrem Weg nach Hause war. Zwei Tage später kam sie unerwartet ins Krankenhaus und verstarb sogleich bei der Ankunft. Ich war, wie schon so oft zuvor, ergriffen, wie liebevoll dieses Nachhausekommen vorbereitet war. Und ich spürte, dass diese Erfahrung nicht nur ihr alleine galt, sondern für uns alle ein Zeichen der Liebe war.

Immer wieder berichteten mir Sterbende davon, dass sie von Lichtwesen, aber auch von vorausgegangenen Familienmitgliedern und Freunden abgeholt wurden. Eine alte Dame beispielsweise, die keinen religiösen Bezug hatte, starb mit einem seligen Leuchten auf dem Gesicht und hatte mich gefragt, ob ich auch die vielen bildschönen kleinen Kinder um ihr Bett herum sähe. Der Anblick sei unendlich zauberhaft. Das war ihre ganz individuelle Einladung. Andere wurden schon mehrere Tage zuvor von schönen Wesen begleitet, die sie zwar nicht kannten, die jedoch große Geborgenheit und Frieden ausstrahlten. Und solche Beispiele gibt es viele.

Meine beglückendste Erfahrung …

… aber erlebte ich, als mein Vater nach Hause ging. Doch um die Besonderheit dieses heiligen Moments zu vermitteln, ist es wichtig, etwas über sein Leben zu erfahren. Mein Vater wurde in eine Familie mit drei Geschwistern geboren, in der ihm ein eigener und respektierter Platz verwehrt wurde. Nur seine beiden Schwestern und sein Bruder waren für seine Mutter von Bedeutung. Er war zwar da, aber ungeliebt und ungesehen. Die Familie litt außerdem zunehmend an großen materiellen Nöten, und im Alter von zehn Jahren erlebte er die Schrecken des Zweiten Weltkrieges. Diese Voraussetzungen ließen ihn zu einem Menschen heranwachsen, der kein Vertrauen fassen konnte. Er war dem Glauben verhaftet, dass das Leben sich grundsätzlich gegen ihn richtete und er sich gegenüber seinen Mitmenschen zur Wehr setzen müsse. Und so formte sich ein freudloser Charakter, der vornehmlich angreifend, ablehnend, verletzend und rechthaberisch war.

Als mein Vater später mit schwerer Krankheit im künstlichen Koma auf der Intensivstation lag und mehrere Male reanimiert wurde, spürte ich, dass er weder den Mut hatte, in sein Leben zurückzukehren, noch es loszulassen. Meine Mutter, meine Geschwister, meine Schwägerin und ich verabredeten uns deshalb jeden Abend zur gleichen Zeit, jeder bei sich zu Hause, um ihm zu helfen, seinen Weg zu finden. Jeder tat, was er konnte: beten, verzeihen, Engel um ihren Beistand bitten, ihn in heilendes Licht hüllen, seine Lieblingsmusik auflegen und andere Dinge. Als er nach zwei Wochen aus dem Koma erwachte, war er wie elektrisiert und vollkommen verändert. Er hielt ganz fest meine Hand und sagte: »Ich kann jetzt alles ganz klar sehen und fühlen, und ich weiß, dass ich alles falsch gemacht habe. Ich weiß jede Kleinigkeit. Aber nun wird alles anders. Ich werde es wiedergutmachen, und wir werden es nur noch schön miteinander haben.« Ich freute mich und sagte ihm, dass wir alle ihm nichts nachtragen und er ganz frei von aller Schuld sei. Da lehnte er sich erleichtert zurück und sagte zu sich selbst aus ganzem Herzen: »Gott sei Dank.«

Als am nächsten Morgen der Anruf der Klinik kam, um mitzuteilen, dass sein Zustand sich entgegen der Erwartung rapide verschlechtert habe und er im Sterben liege, war ich sehr traurig. Endlich hatte ich den Vater bekommen, den ich mir wünschte. Und nun sollte ich ihn gleich wieder verlieren. Enttäuscht wollte ich mich in Meditation begeben. Doch in der Sekunde, in der ich meine Augen schloss, sah ich einen unsichtbaren Schleier reißen, und ich stand wach und klar am Bett meines Vaters. Aber ich war nicht allein. Vor ihm stand ein Engel von atemberaubender Schönheit. Er strahlte solch eine zärtliche und bedingungslose Liebe, Heiligkeit, aber auch Macht aus, dass das ganze Zimmer, mich eingeschlossen, vibrierte.

Mein Blick ruhte zunächst auf seinen Flügeln, die aus unzähligen kleinen Federn zu bestehen schienen und ein vollkommenes Ornament bildeten, das sich ständig wie ein Lichtstrom bewegte und neu zusammensetzte. Noch nie habe ich auch nur annähernd solch eine Vollkommenheit gesehen und ich konnte lange meinen Blick nicht davon abwenden. Dann sah ich seine Haare, die mit Perlen geschmückt waren. Diese bildeten ebenfalls bewegliche, atemberaubende Ornamente. Wieder vermochte ich sie nicht nur zu sehen; ich war ganz und gar erfasst von dieser Heiligkeit und konnte sie ebenso als zarte Süße schmecken.

Dann erst sah ich diesen unendlich liebevollen und hingebungsvollen Blick, den er fest auf meinen Vater gerichtet hatte. In dieser Sekunde wurde mir klar, dass all die Liebe, die wir Menschen kennen, nur ein Schatten der göttlichen, bedingungslosen Liebe ist. Denn dieser Engel sah in meinem Vater nur die reine, unberührte göttliche Seele, die sich in diesen Körper inkarniert hatte. Und er sah mit tiefer Barmherzigkeit auf ihn, als hätte nicht der geringste Schatten je sein Handeln getrübt. Er sah das, was er durchlebt und durchlitten hatte, mit großem Erbarmen und Güte, aber ohne einen Hauch von Schuldzuweisung. Plötzlich spürte ich einen starken Ruck und wurde in meinen Körper zurückgeholt. Diese Erfahrung war so tiefgreifend, dass ich voller Glück und Freude meinen Vater gehen lassen konnte. Nun wusste ich, dass er gerettet war und in eine Schönheit eingehen durfte, die uns Menschen unbegreiflich ist.

Ich glaube, dass jeder auf ganz eigene und liebevolle Art begleitet wird, je nachdem, was für ihn Glück und Vertrauen bedeutet. Und ich glaube daran, dass mich einst Jesus, mein Engel und mein Mann empfangen werden. Denn dies wird meine ersehnte Begegnung sein. Entscheiden Sie jedoch selbst für sich, wie weit Sie sich auf diese heilige Welt einlassen möchten. Vielleicht wird es ein Kampf gegen die Vernunft, vielleicht aber haben oder entwickeln Sie die Bereitschaft, Wunder zuzulassen.

Nein, ich ging nicht fort.
Unsterblichkeit vom Tode mich erlöste.

Michelangelo

Rituale

Rituale können uns verbinden

All die im vorigen Kapitel geschilderten Erfahrungen können eine Inspiration zu einer heiligen und lichtvollen Annäherung zweier Seelen sein, die beide, jede auf ihrer Seite des einen Lebens, nun gegenseitige, bedingungslose Liebe erleben dürfen. Nichts kann unser Herz mehr erwärmen und heilen, als die ersehnte Vertrautheit zurückzugewinnen, derer wir so unendlich bedürfen.

Vielleicht möchten Sie nun den Versuch wagen, mit Ihrem lieben Menschen auf ganz natürliche Weise in Verbindung zu bleiben, sich auch jetzt noch zu spüren und sich gegenseitig zum erlösenden Geschenk zu werden. Denn es ist nie zu spät, Neues zu erschaffen durch Danken, Lieben, Zuhören, Geben und Annehmen. Und wo auch immer früher ein Versäumnis oder Mangel zwischen Ihnen war – nun haben Sie die Möglichkeit, sich gegenseitig zu verzeihen und Erlebtes gemeinsam in reines Licht zu verwandeln.

Am besten eignen sich hierfür Rituale, die eine lichtvolle Form erschaffen und dadurch mehr und mehr Sicherheit ins eigene Erleben bringen. Diese Rituale sind jedoch nie als ein Muss zu verstehen, sondern lediglich als eine Chance. Vielleicht mag es Ihnen anfangs etwas seltsam vorkommen, den Kontakt zu Ihrem lieben Menschen in einer festgelegten Form zu suchen. Die Rituale können Ihnen jedoch helfen, sich der kommenden Begegnung zuzuwenden und sich ganz auf den bevorstehenden Austausch zu konzentrieren.

Ihr ganz persönlicher Platz für Rituale

Schmücken Sie einen Platz in Ihrem Zuhause, an dem Sie sich wohlfühlen. Vielleicht mit einem Foto, einer Kerze, einer Blume, einem Symbol – was immer Ihnen guttut und eine Atmosphäre von Wärme und Geborgenheit vermittelt.
Wählen Sie im Hintergrund leise, sanfte und inspirierende Musik. Möglicherweise spricht Sie aber die einst bevorzugte Musik Ihres lieben Menschen mehr an und schafft auf diesem Wege schon eine starke emotionale Hinwendung. Sie werden intuitiv wissen, was für Sie am besten ist. Vielleicht möchten Sie sich, um die Kostbarkeit dieses Augenblicks hervorzuheben, auch etwas Schönes anziehen, denn schließlich erleben Sie in der Tat heilige Momente.

Nun wählen Sie für diesen Tag eine bestimmte Erinnerung, die Sie gemeinsam betrachten möchten. Dann schließen Sie die Augen und bitten Sie ihn mit seinen Engeln, Ihnen jetzt im Herzen ganz nahe zu sein, Sie liebevoll zu berühren und sich mit Ihrer Liebe und Ihrer Sehnsucht zu verbinden. Sie können ganz sicher sein, dass er mit Freude und großer Hingabe sehr präsent sein wird. Denn nicht nur für Sie, auch für ihn ist es wie ein Wunder, dass er nun aus der anderen Dimension nachträglich seine eigene Geschichte erleuchten darf. Solch ein wertvolles Geschenk wird nicht vielen Seelen zuteil.

Sehen Sie nun in Ihren Gedanken, wie Ihre beiden Herzen sich weit öffnen und das goldene Licht der Dankbarkeit, der Vergebung, oder was immer Sie jeweils anklingen lassen möchten, in diese vergangene Situation fließt, sie umhüllt und für alle Zeiten erneuert oder verstärkt. In solchen Momenten steigen oftmals Emotionen auf, die Ihres Schutzes und Ihrer Fürsorge bedürfen. Und das ist gut so. Wenden Sie sich ihnen liebevoll zu wie einem weinenden Kind, das auf den Arm genommen und getröstet werden möchte. Dadurch kann tiefe Heilung geschehen.

Die im folgenden Abschnitt aufgeführten Gedanken mögen Ihnen Inspiration und Stütze für Ihre Rituale sein. Es sind Beispiele, die Sie nach Ihren Bedürfnissen wählen und erweitern können.

Nach jedem Ritual haben Sie die Möglichkeit, Ihre Reflexionen, Erfahrungen, Sehnsüchte und Wünsche auf den Eintragseiten festzuhalten. Fühlen Sie sich dabei ganz frei und folgen Sie allein Ihrem Herzen: Dieses Buch und Ihre tiefen Empfindungen gehören nur Ihnen.

Wertschätzende Rituale

**Du bist nicht mehr da, wo du warst,
aber du bist überall, wo wir sind.**
Victor Hugo

Ich habe die Rituale, die ich Ihnen vorstellen möchte, in vier Kapitel gegliedert: Sie fühlen die Liebe in »Gebende Rituale«, die innere Reinigung in »Klärende Rituale« und spüren die zarte und lichte Energie der »Heilenden Rituale«. Beginnen möchte ich die innere Reise mit den »Wertschätzenden Ritualen«, die Ihnen einen leichten Einstieg in die Welt der Rituale ermöglichen. Wertschätzung schenkt Ihrem geliebten Menschen nicht nur das verdiente Anerkennen seiner Würde, sondern es verleiht Ihnen selbst eine besondere Größe. Es kann Ihr Herz weit öffnen, wenn Sie voll Demut und Freude sein positives Handeln in seiner ganzen Bedeutung hervorheben wie nie zuvor.

Tiefe Dankbarkeit empfinden

Dankbarkeit ist eine der wundervollsten Emotionen, die unser Herz erfüllen kann. Über etwas dankbar und sich dessen bewusst zu sein, bedeutet zu fühlen, dass uns das Leben oder ein Mensch in irgendeiner Form Gutes getan hat. Dies vermittelt uns ein tiefes Gefühl von Wertschätzung und Verbundenheit. Wer also dankbar sein kann, steht in positiver Resonanz mit der Welt um sich herum.

In einem herausfordernden Lebensalltag, wie wir ihn erleben, kann niemand durchgängig so hohe Aufmerksamkeit aufrechterhalten, um über alle Hektik hinweg permanent Momente der Dankbarkeit zu empfinden. Doch gerade jetzt, da wir den geliebten Menschen verloren haben, bedauern wir sehr, dass wir uns von so vielen Tätigkeiten und Stimmungen haben einfangen und beherrschen lassen. Nicht nur für die großen Momente des Lebens empfinden wir unvermittelt tiefe Dankbarkeit. Nun beschäftigen uns unzählige Kleinigkeiten, die früher alltäglich schienen, auf die wir jetzt dankbar und sehnsuchtsvoll zurückblicken und die unser Herz umso mehr erfassen, ja erschüttern: eine zärtliche Berührung, ein liebevoller Blick, ein ermutigendes Wort, eine tröstende Umarmung, eine kleine, freundliche Geste, ein strahlendes Lachen und vieles mehr. Nicht weniger verneigen wir uns vor seiner inneren Größe, wenn anstelle eines Vorwurfs das Nachgeben unseres geliebten Menschen einen Konflikt beendete. Hat er nicht oft auf etwas verzichtet, um Ihnen den Vortritt zu lassen? Und wie steht es möglicherweise um das Verrichten der täglich wiederkehrenden Aufgaben, die unser Leben zuverlässig und sicher gestaltet haben? Denn jede Leistung, auch wenn sie sich über Jahrzehnte hinweg wiederholt, muss immer wieder neu vollbracht werden und erschafft damit an jedem einzelnen Tag etwas sehr Kostbares.

All dies können Sie jetzt ganz klar und ungetrübt erkennen, denn nun sind Ihre Sinne in hohem Maße sensibilisiert, und plötzlich finden Sie im Rückblick in den kleinsten alltäglichen Situationen das Besondere und Schätzenswerte, das Ihnen in gemeinsamen Zeiten in dieser Form nicht präsent war. Doch seien Sie versichert, dass dieser Umstand zu keiner Zeit die Reinheit der Liebe trüben konnte. Es sind Geschenke der Erfahrung, die das Leben Ihnen gerade jetzt in Zeiten höchster Herzensreinheit machen kann und möchte.

Genauso gibt es viele wundervolle Momente, die Sie ihm geschenkt haben und die ebenso bedeutungsvoll sind und in Ihrem Lebensbuch einen gebührenden Platz verdient haben. Und auch er möchte sich bei Ihnen mit reinem Herzen und ganzer Seele für Ihre Hingabe bedanken. Er lebt nun in einer Welt tiefer Erkenntnis und ist sich der besonderen Bedeutung all Ihrer selbstlosen Geschenke sehr bewusst.

Und besonders wertvoll ist es, sich an die wundervollen Stunden gemeinsamer glücklicher Zeiten zu erinnern und sie erneut im Licht der Dankbarkeit zu würdigen.

Wir danken aus tiefem Herzen dafür, dass wir einen so wundervollen Menschen begleiten, erleben und lieben durften. Es gibt so viel zu danken!

DANKBARKEIT

Ich bin besonders dankbar für das Kostbare,
das du für mich gegeben hast:

… das wir gemeinsam erleben durften:

… das ich für dich geben durfte:

Ich bin sehr stolz auf dich

Ähnlich wie bei der Dankbarkeit gibt es so vieles, auf das wir bei unseren Mitmenschen, die uns am nächsten sind und die wir besonders lieben, sehr stolz sein können. Doch liegt es auch hier nicht in der Natur unseres Lebensalltags, der uns mit hoher Geschwindigkeit mit sich reißt, den Blick für das Besondere großzügig aufrechtzuerhalten. So übersehen wir schnell, worauf wir bei unseren Mitmenschen stolz sein können. Dies ist schade, denn bei all dem Lobenswerten, das sich unserem Blick entzieht, versäumen wir die Gelegenheit, uns daran zu erfreuen. Die kostbare Möglichkeit verstreicht, den anderen für sein außerordentliches Handeln würdigen zu können.

Im Schmerz der Trauer ist, wie wir nun erfahren, das ganze Leben wie auf links gedreht, und jetzt steigen auch diese Momente, in denen wir stolz auf unseren lieben Menschen hätten sein können, in uns auf. Und wir wünschen uns, dass wir diese kostbaren Gelegenheiten mit ihm gefeiert hätten. So bleibt womöglich eine weitere ungestillte Sehnsucht zurück, die Erfüllung sucht. Doch wie wir wissen, ist es nie zu spät, etwas zu verändern. Ein Ritual der Wertschätzung kann Ihnen hier helfen, jede noch so kleine Begebenheit, die Sie im Rückblick mit Stolz erfüllt, nun zu benennen und zu würdigen. Es sind heilige und heilende Momente, wenn Sie Ihren tiefsten Gefühlen Raum anbieten zu fließen, sich von ihnen berühren zu lassen, und dadurch wahrnehmen, wie viel Verborgenes lebendig werden möchte. So kann Ihre Liebe einen neuen wundervollen Ausdruck finden. Und es sind wahrhaftig gereifte, lebendige Geschenke, die Sie ihm damit überreichen.

Aber auch Sie haben Großartiges vollbracht, das ebenso wert ist, bewundert zu werden. Es ist das Anerkennen Ihrer lichtvollen Seite, die unentwegt bestrebt ist zu wachsen, um für sich selbst und auch für andere Erfüllung zu finden. Seien auch Sie stolz auf das, was Sie durch Ihr Handeln an Wertschätzung verdient haben. Ihr Vertrauter kann es nun ganz deutlich sehen und wird sich mit Ihnen über Ihre liebevolle Betrachtung freuen und Ihnen mit Segnungen danken.

ICH BIN SEHR STOLZ

Ich bin sehr stolz auf dich, wie du …

Ich bin sehr stolz auf uns, wie wir …

Ich bin sehr stolz auf mich, wie ich …

Du hast mich beschützt

Wenn wir einen geliebten Menschen verloren haben, insbesondere wenn es den Partner betrifft, spüren wir wie nie zuvor, wie schutzlos wir uns plötzlich fühlen. Eine Einsamkeit und Leere, die uns verletzlich macht, nimmt von uns Besitz. Wir sind nun auf uns selbst angewiesen. Sicherlich gibt es noch immer Menschen, die uns unterstützen und liebevoll und hilfreich zur Seite stehen, doch wir wissen intuitiv, dass sie nie und nimmer seinen Schutz ersetzen können. Und das sollen sie auch nicht.

Es mag Ausnahmen geben, doch im Allgemeinen sind wir uns auch während unseres Lebensalltags nicht im ganzen Ausmaß bewusst über die beschützende Nähe unseres Partners, Angehörigen oder engen Freundes. Haben Sie es als selbstverständlich betrachtet, dass Sie viele Absprachen gemeinsam getroffen und Verantwortung zusammen getragen haben? Von großen Schicksalsschlägen abgesehen wussten Sie sicherlich intuitiv, dass Sie nie tiefer fallen konnten, als in seine Hände. Schützendes Verhalten ist sehr vielschichtig: Vielleicht übernahm er Aufgaben, die Sie selbst überforderten oder nicht gerne verrichteten, oder er schenkte Ihnen Ruhe und Sicherheit, wenn Sie ängstlichen Gedanken nachhingen. Möglicherweise war er ein guter Zuhörer, der Ihnen Vertrauen und Zuversicht vermittelte. Vielleicht war die finanzielle Sorge um die Familie ein großer Verdienst. All dies und noch viel mehr ist ein wundervoller Schutz vor der zeitweise doch rauen Natur dieser Welt.

DU HAST MICH BESCHÜTZT

Hier benötige ich ganz besonders deinen weiteren Schutz in meinem Alltag:

Bitte beschütze mich auch in meinen schwierigsten, traurigen Momenten, wenn ich …

Gebende Rituale

Das Leben ist schwächer als der Tod,
und der Tod ist schwächer als die Liebe.
Khalil Gibran

Vor vielen Jahren fragte ich einmal einen Freund, der Priester war, was wir denn Konkretes unseren Lieben in der anderen Welt tun können. Er lächelte mich an und sagte: »Das Schönste, was wir einer Seele schenken können, ist, dass wir uns ihr zuliebe positiv entwickeln und all das Licht, das dadurch entsteht, ihr zum Geschenk machen, dass es sie umhüllt und heiligt.« Ja, es muss für eine Seele wundervoll sein, wenn wir ihr nicht nur in Erinnerung gedenken und uns auf Vergangenes richten, sondern sie jeden Tag aufs Neue ehren und beschenken. Das ist vielleicht das Bedeutendste, was wir vollbringen können. Sich nicht durch den Tod endgültig getrennt zu sehen, sondern weiterhin als zwei fühlende Wesen in Verbindung zu stehen.

Wären wir nur darauf bedacht, unseren Schmerz so schnell wie möglich loszuwerden, würden wir die große Chance der Veränderung vertun. Denn der Schmerz kann ein Vehikel sein, das uns sensibilisiert und motiviert, Neues zu schaffen, was wir ohne ihn nicht hätten vollbringen können. Er ist sicherlich kein willkommener Begleiter, aber ein sehr kostbarer allemal. Er trägt in sich die Kraft der Veränderung.

Sich für Ihren lieben Menschen zu überwinden, soll aber keine neue Disziplin oder Verpflichtung sein, die Sie sich auferlegen. Es geht nicht um ein Ziel, das erreicht werden muss. Es sind lediglich Grüße der Liebe, die in die andere Welt strahlen. Einmal mehr, ein anderes Mal weniger, aber es geht nie um Leistung. Anfangs schaffen Sie vielleicht eine hohe Aufmerksamkeit; mit der Zeit jedoch wird auch diese wieder vom Lebensalltag abgelöst werden. So ist das Menschsein. Ein stetes Auf und Ab, das große Ein- und Ausatmen des Lebens. All das, was Sie sich vielleicht vornehmen werden und nicht einmal beginnen umzusetzen: Selbst dies sind kostbare Zeichen der Liebe. Schon die Hoffnungen sind voller Leben. Auch wenn wir Zeiten der Antriebslosigkeit erleiden, so kann unser Herz dennoch voller Leidenschaft und Hingabe sein. Wenn Sie sich von diesen Gedanken inspirieren lassen möchten, dann widmen Sie sich dem Versuch und denken Sie darüber nach, was für Sie eine positive Veränderung sein könnte.

Ich möchte dir etwas schenken

Vielleicht wollten Sie sich schon immer einmal sportlich betätigen oder sich mehr Ruhezeiten gönnen. Möglicherweise liegt Ihnen eine gesündere Ernährung am Herzen. Oder Sie würden sich gerne in Ihren täglichen Verrichtungen achtsamer und präsenter sehen. Ganz gleich was es sein könnte, und sollten es nur wenige Minuten der Aufmerksamkeit sein, es kann zu Ihrem persönlichen Geschenk für Sie beide werden.

Möglicherweise trauen Sie sich sogar zu, noch einen Schritt weiterzugehen und ihm ein ganz besonderes Geschenk zu machen, indem Sie ihm zu Ehren andere Menschen glücklich machen. Dann bauen Sie nicht nur eine Brücke in die geistige Welt, sondern machen auch unsere Welt reicher und lebenswerter. Diese Veränderungen sind wie kleine lebendige Samenkörner, die auf die richtigen Bedingungen gewartet haben, um zu einer wundervollen Blüte zu reifen. Laden Sie Ihren lieben Menschen zu diesem Ritual des Sich-Verschenkens ein und erzählen Sie ihm, was Sie ihm gerne schenken möchten. Und dann beginnen Sie damit und freuen sich über jede noch so kleine Umsetzung.

MEIN GESCHENK AN DICH UND UNS

Dir zu Ehren …

… möchte ich zu überwinden üben:

………………………………………………………………………………

………………………………………………………………………………

………………………………………………………………………………

………………………………………………………………………………

………………………………………………………………………………

………………………………………………………………………………

………………………………………………………………………………

………………………………………………………………………………

………………………………………………………………………………

… möchte ich mir aneignen:

………………………………………………………………………………

………………………………………………………………………………

………………………………………………………………………………

………………………………………………………………………………

………………………………………………………………………………

………………………………………………………………………………

………………………………………………………………………………

………………………………………………………………………………

………………………………………………………………………………

… möchte ich diese Gedanken verändern:

… möchte ich hier achtsamer sein:

Du bist mein Vorbild

Ganz ähnlich verhält es sich bei diesem Ritual. All die wundervollen Handlungen Ihres wundervollen Menschen, die Sie mit Stolz erfüllen, eignen sich ebenso als Vorbild für eigenes Lernen und Wirken. Und Ihr Bemühen mag weitere lichtvolle Geschenke für Ihren Liebsten in der Lichtwelt bereithalten. Sie haben ihn in Aktion erlebt. Und er hat Ihnen gezeigt, wie es geht. In diesem Prozess begegnen Sie wieder Ihren Lebensfragen: Warum kann ich das nicht so, was hält mich zurück, warum verlässt mich der Mut in ähnlichen Situationen? Kein Mensch ist wie ein anderer, weshalb auch nie versucht werden sollte, sich derart anzugleichen, dass der eigene Weg verloren geht. Wachstum besteht vielmehr darin, für sich selbst einen umsetzbaren Weg zu finden. Gerne hin zum gleichen Ziel, wenn dies erstrebenswert scheint. Aber in Ihrer Weise, Ihrer Geschwindigkeit und mit Ihrer Herzensenergie.

Blicken Sie nun mit Ihrem offenen Herzen und großer Bewunderung auf die vielen Situationen, die er so vorbildlich gemeistert hat. Vielleicht sind sie ein Appell an Disziplin, vielleicht an Mut, vielleicht an Geduld und Gelassenheit. Was auch immer, nun können Sie damit beginnen, in sich hinein zu spüren, wie sich das anfühlen kann, und eine Leidenschaft dafür entfachen, damit diese wundervollen Eigenschaften auch in Ihnen durch Begeisterung und Ausdauer eine eigene Kompetenz erschaffen. Und er wird alles daransetzen, Sie zu unterstützen. Und wenn Sie wirklich für seine Hilfe offen sind und ihm ganz und gar vertrauen, werden Sie Ihren inneren Fortschritt mit einer nie gekannten Leichtigkeit erreichen.

VORBILD

Dieses wundervolle Handeln möchte ich mir zum Vorbild nehmen:

Was hielt mich bis heute davon zurück?

Was könnte ich unternehmen, um diese Muster aufzulösen?

Wer könnte mich dabei unterstützen?

Blumen werfen

Mit einem Augenzwinkern und einem Lächeln möchte ich Ihnen noch einen kleinen, aber ganz und gar zauberhaften Gedanken vermitteln. Da wir nicht immer die Kraft, die Zeit und die Ausdauer besitzen, unserem lieben Menschen in der anderen Welt mit Ritualen zu begegnen und ihm dadurch nahe zu sein, möchte ich Ihnen noch diesen netten Impuls schenken. So können Sie ihm ganz mühelos und in jedem beliebigen Augenblick wundervolle Geschenke machen. Ganz gleich, ob Sie beruflich sehr eingespannt sind und keine Pause zur inneren Einkehr finden, oder beispielsweise in der Straßenbahn sitzen, es kostet nur die Zeit eines Gedankens:

Denken Sie an ihn, sehen Sie ihn innerlich in seiner lichtvollen Welt und dann werfen Sie ihm im Geiste beherzt und mit Freude einen großen Blumenstrauß entgegen, als Liebesbotschaft von Ihnen. Und er wird ihn mit Begeisterung auffangen. Ein alter Weisheitsspruch sagt: Denken heißt erschaffen. Denn Gedanken sind lebendige Energien. Und ist es nicht auch für ihn magisch, von der Erde immer noch solch hinreißende Überraschungen zu bekommen? Alle Engel und Freunde, die um ihn sind, werden sich mit ihm erfreuen.

Ich selbst erfuhr von diesem kleinen, aber überaus kostbaren Ritual von meiner lieben Freundin Carina. Sie erzählte einmal ganz beiläufig, dass sie nur selten die Zeit habe, mit ihrer Familie in der geistigen Welt in Berührung zu kommen. Deshalb werfe sie zwischendurch immer wieder Blumen als Zeichen der Liebe und

Verbundenheit. Ich fand diesen Gedanken durch und durch entzückend, und ich sehe darin so viel Leichtigkeit und Freude; und seitdem lässt er mich nicht mehr los.

Vielleicht mögen Sie andere Symbole und werfen funkelnde Sterne, leuchtende Herzen, entzünden ein Feuerwerk oder pusten goldenen Segen über ihn. Es sind nur Sekunden der Aufmerksamkeit, und doch besitzen sie die Kraft eines großen liebenden Herzens. Sie werden spüren, dass Sie dabei innerlich schmunzeln und etwas Leichtigkeit zurückbleibt. Heilung muss nicht schwer erarbeitet werden; sie kann in jedem Augenblick geschehen. Und Freude ist der beste Heiler. Sie dürfen gewiss sein, dass auch Ihnen vielfache Segnungen zuteilwerden. Es bedarf nur ein wenig Übung, um diese zarten Grüße aus der Lichtwelt als solche zu erkennen.

GRÜSSE

Diese Grüße möchte ich dir schicken:

Ihren lieben Menschen in den Alltag einbeziehen

In unserer Familie hat das Schenken Tradition. Dabei ist es nie um einen besonderen materiellen Wert gegangen, sondern allein um die Freude. Ein schönes Geschenk, das ein Leuchten auf das Gesicht des Beschenkten zaubert, bestätigt die Liebe, die es in sich trägt. Und deshalb ist es uns so wertvoll. Doch dann, wenn der liebe Mensch nicht mehr greifbar ist, beenden Hinterbliebene in aller Regel abrupt dieses kostbare Ritual des Schenkens, was ich als sehr schade empfinde. Für meinen Sohn und mich war es nicht vorstellbar, dass unsere besonderen Stunden ohne die Gegenwart meines Liebsten, beziehungsweise seines Vaters, gefeiert werden sollten. Deshalb schenken wir meinem Mann zum Geburtstag und Weihnachten feierlich einen Umschlag, der achtsam verziert ist, mit Geld und einem Brief. Denn mein Mann liebte es, uns zu beschenken und uns bei vielen Gelegenheiten einzuladen. Und so geben wir ihm die Möglichkeit, immer noch an unseren innigen Momenten aktiv teilzunehmen, indem er uns nach wie vor einladen kann. Und wir beide wissen ganz genau, welche Momente das sind; wir haben schließlich jahrzehntelange Erfahrung darin.

Viele andere Ereignisse sind eine gute Möglichkeit, ihn weiterhin sichtbar an Ihrem Leben teilhaben zu lassen: Sie können ihm an besonderen Tagen liebevoll einen Platz am Tisch eindecken; Sie können ihm schöne Texte vorlesen, ihm etwas vorsingen, ihm Briefe oder Gedichte schreiben und unzählige andere Grüße versenden. Es ist immer das Verströmen gebender anstatt nur vermissender Liebe.

Ich weiß natürlich nicht, ob und wie Sie die Tradition des Schenkens, des Vorlesens oder anderer Bräuche für sich gelebt haben. Doch wie immer Sie es gehalten haben, nun könnte der Moment sein, damit zu beginnen, wenn Sie gerade beim Lesen einen inneren Impuls verspüren. Es ist eine dieser wundervollen Möglichkeiten, Ihrem Seelengefährten in unserer Welt einen lebendigen Ausdruck zu ermöglichen. Er ist aus seinem Körper ausgezogen, aber er lebt.

Folgen Sie Ihrem Herzen. Es ist nicht wichtig, was andere Menschen davon halten. Sie allein spüren Ihr Leben tief in sich selbst. Wenn sich auf diese lichte Weise zwei Seelen verbinden, ist es, als würden Sterne sich berühren und einen einzigartigen Ton erklingen lassen, den es im Universum nie zuvor gegeben hat. Doch niemand außer Ihnen beiden wird ihn vernehmen können. Lassen Sie sich also nie die Freude nehmen und schenken Sie weiter und mit großem, weitem Herzen!

DEN LIEBEN MENSCHEN IN DEN ALLTAG EINBEZIEHEN

So möchte ich dich in meinen Alltag einbeziehen:

Ich lasse los

Einen geliebten Menschen gehen zu lassen bedeutet unter anderem, sich früher oder später auch von vielen Dingen trennen zu müssen. Im günstigen Fall kann man sich dafür viel Zeit lassen, was eine große Erleichterung bedeutet, da bekanntlich die Zeit so manche Wunden heilt. Doch nicht jeder kommt in den Genuss dieses Privilegs und muss schnell und entgegen seiner Bedürfnisse handeln.

Doch ganz gleich, ob Sie früher oder später davon betroffen sind, dieses Loslassen fühlt sich oftmals an, als würde man mit jedem Teil, das man weggibt, auch ein Stück Erinnerung oder sogar Verbundenheit weggeben. Vielleicht steigen Schuldgefühle auf, die suggerieren, dass Loslassen Gleichgültigkeit oder Lieblosigkeit bedeutet. Doch all das ist es nicht. Es sind vielmehr die Stimmen der Angst, etwas zu verlieren oder dem Leben nicht gerecht zu werden – die altbekannten und verhärteten Instanzen in uns, die uns vom Fluss des Lebens trennen.

Deshalb möchte ich Ihnen auch sehr gerne das folgende Ritual anvertrauen, damit es Sie in diesem Prozess mit etwas Erleichterung erfüllen kann und Ihnen ein weiteres Geschenk ermöglicht, wenn für Sie die Zeit des Loslassens gekommen ist.

Verbinden Sie sich mit Ihrem lieben Menschen und berühren Sie nun jedes einzelne Teil, von dem Sie sich trennen werden, sehr behutsam. Lassen Sie in Ihrem Herzen noch einmal alle guten Gefühle aufsteigen, die Sie dazu haben, oder die Ihr lieber Mensch dazu gehabt hat. Nehmen Sie sich viel Zeit, um Ihre Herzen sprechen zu lassen und sich liebevoll auszutauschen.

Und aus diesem starken Gefühl heraus erlauben Sie der innewohnenden zarten Energie, die die materiellen Dinge beherbergen, sich zu lösen und zu ihm hinüber zu strömen, auf dass er sie aufnehmen und für immer bewahren darf. Zurück bleibt dann nur noch die leere Hülle der transformierten Gegenstände.

Mit diesem achtsamen Handeln würdigen Sie erneut die Wirklichkeit und Präsenz des Lebens und der Liebe und beschenken Ihren lieben Engel in der anderen Welt erneut, was wiederum Ihre Verbundenheit unendlich bekräftigt und bezeugt.

ICH LASSE LOS

Welche Dinge werde ich einmal loslassen müssen?

....

....

....

....

....

....

....

....

....

....

Welche Gefühle verbinde ich damit?

....

....

....

....

....

....

....

....

....

....

Wie fühlt es sich für mich an, wenn ich dir dieses Geschenk mache?

Was glaube ich, macht es mit dir, wenn dich diese schönen Energien aus deinem Erdenleben erreichen?

Klärende Rituale

**Unsere lieben Toten sind nicht gestorben,
sie haben nur aufgehört, sterblich zu sein.**
Ottokar Kernstock

In der Phase tiefster Trauer sind wir von Sehnsucht und Sanftmut getragen und fühlen keine Vorwürfe in unseren Herzen, ganz gleich, wie herausfordernd das gemeinsame Leben gewesen sein mochte. Das ist schön und mag auch so bleiben.

Unabhängig davon empfinde ich den Impuls sehr wertvoll, gerade jetzt die Kraft und die Reinheit der Liebe zu nutzen und einen Rückblick zu wagen, um bewusst und klar Versäumnisse anzunehmen und offenherzig Vergebung zu praktizieren. Das Auflösen unschöner Erinnerungen, die Sie früher schmerzten, kann nun in eine heilige Handlung von großer spiritueller Bedeutung umgewandelt werden. Wenn Sie dieses Ritual mit ganzem Herzen vollziehen, werden Sie eine innige Verschmelzung mit Ihrem geliebten Menschen und eine tiefe Seelenreinigung erfahren.

Aber erlauben Sie mir zunächst, ein wenig auszuholen und ein paar Gedanken zu diesem Thema mit Ihnen zu teilen. Vergebung gibt es in unserer Vorstellung nur im Zusammenspiel mit Schuld. Doch machen wir uns wirklich permanent an irgendjemandem schuldig? Wenn wir der modernen Hirnforschung Glauben schenken möchten, sind wir nur schwer in der Lage, unsere erlernten und festgefahrenen Muster zu durchbrechen und Neues im Unterbewusstsein zu verankern. Wir werden in frühester Kindheit geprägt und zu einer Persönlichkeit modelliert, die wir für den Rest unseres Lebens als unser Ich anerkennen werden und der wir nur sehr mühsam und sehr bedingt entfliehen können. Wohl steht es uns frei, innerhalb unserer Persönlichkeitsmuster Entscheidungen zu treffen, aber diese hartnäckigen Muster selbst können wir nur mit ausreichenden Kenntnissen und größten Bemühungen verändern.

Das bedeutet, dass wir Menschen leider nicht umhinkommen, uns und anderen bewusst oder unbewusst Schmerz zuzufügen. Wir alle haben Verletzungen in uns, die Beachtung einfordern und gehört werden möchten. Sie treiben uns im Leben vor sich her und erlauben uns nicht, selbstverständlich mit Barmherzigkeit und Weisheit auf unangenehme Situationen zu reagieren. Ganz im Gegenteil, sie schreien nach Erlösung, da wir von der permanenten Angst getrieben sind, zu kurz zu kommen. Wir geraten ganz automatisch auch mit den Menschen, die wir am meisten lieben, immer wieder über Kreuz und schaffen es eben nicht leicht, in den vielen alltäglichen Momenten, in denen wir uns nicht gesehen, nicht respektiert oder übergangen fühlen, den inneren Abstand zu erlangen, um in angemessener Weise auf solche emotionalen Herausforderungen zu reagieren. Auch das gehört zum Menschsein.

Wer wollte nicht manchmal ganz anders sein? Allezeit lebensbejahend, positiv, verständnisvoll und erhaben, ein Mensch, der vollkommen in sich verortet ist und den nichts aus der Ruhe bringen kann? Der in jeder aufgeheizten Situation mit Gelassenheit, Integrität und Weisheit imponiert? Der gerade und aufrecht durchs Leben zu gehen vermag, als hätte er keine einschränkende und prägende Erziehung genossen? Ein Mensch also, dessen Lebensschiff stets sicher im geschützten Hafen vor Anker liegt und dem die Stürme des Lebens nichts anhaben können. Wir alle wären wohl lieber solch eine vollendete Persönlichkeit, die allein durch ihr Dasein die Welt bereichert. Doch da dies nicht der Fall ist, sollten wir uns der Grenzen des Möglichen bewusst sein und Vergebung großherzig in einem gütigen Licht betrachten.

Vergebung schenken

Möchten Sie ein kleines Experiment wagen? Wenn ja, rufen Sie sich eine unangenehme Begebenheit in Erinnerung und fühlen Sie sich dann tief in Ihren lieben Menschen hinein. Was war das für ein Schmerz, der ihn dazu drängte, sich nicht achtsam oder liebevoll zu verhalten? War er nicht selbst das Opfer eines schmerzenden Gefühls? Und vielleicht können Sie sogar erspüren, wie sich seine Wahrnehmung anfühlte und wie allein und verlassen er in diesem unschönen Moment gewesen sein muss. Denn wenn wir fordern, uns beschweren oder sogar den anderen auf irgendeine Art übergehen, bedrängen oder angreifen, sind wir ganz sicher nicht in Kontakt mit unserer bejahenden und glücklichen Seite, sondern eher von alten Verletzungen überspült. Und ganz sicher sind wir in jenen Augenblicken zutiefst emotional bedürftig und versuchen, unsere Verzweiflung vor uns selbst und unserem Gegenüber zu leugnen.

Letztlich sind wir alle gleichermaßen Bedürftige, wenn auch in unterschiedlicher Weise. Es lohnt sich deshalb, auch wenn Sie derzeit akut keinen Vorwurf spüren können, Vergangenes zu betrachten, das Schmerzhafte in einem Ritual gemeinsam aufzulösen und an dessen Stelle reines Licht zu setzen. Wenn Sie sich einst wiedersehen, begegnen Sie sich als wundervolle geläuterte Seelen mit einer kristallklaren, vollendeten Geschichte.

VERGEBUNG

Das möchte ich dir von Herzen vergeben:

Hierfür möchte ich dich um Vergebung bitten:

Das möchten wir uns gemeinsam vergeben:

Selbstvergebung

Aber auch Sie selbst ersehnen sicherlich für Ihre unvollkommenen Momente Vergebung. Wenn Sie jedoch damit beginnen, mit ihm gemeinsam die eigene Vergebung zu praktizieren, werden Sie möglicherweise erleben, dass dies gar nicht so einfach anzunehmen ist. In diesem Augenblick erkennen Sie, dass es viel leichter ist, Ihrem geliebten Menschen Ihr Herz zuzuwenden und zu verzeihen, als sich selbst dieses Geschenk zuteilwerden zu lassen.

Gerade jetzt, in der Nacht der Trauer, blicken wir tief und werfen uns viele Handlungen vor, von denen wir wissen oder annehmen, dass sie ihm nicht gerecht wurden oder ihn gar verletzt haben. Dieses Gefühl wiegt mit den Augen der Liebe betrachtet in diesen sensiblen Zeiten so schwer und scheint unverzeihlich. Das sind tatsächlich niederschmetternde und bittere Gefühle, die nicht zur Trauerbewältigung, sondern zum Verzweifeln einladen. Die Liebe überwindet den Tod, aber nur schwer die inneren Grenzen der eigenen Schuldzuschreibungen.

Den Grund für dieses Phänomen finden wir ebenfalls in unserer frühkindlichen Erziehung. Wer hatte damals schon die wundervolle Einladung, freizügig Fehler machen zu dürfen, sie gereift und mit erweitertem Horizont zu korrigieren und an ihnen zu wachsen? Mit Sicherheit nur wenige. Die meisten von uns mussten hilflos Tadel und Schuldzuweisungen über sich ergehen lassen und wurden erwachsen mit dem verinnerlichten Gefühl, nie gut genug zu sein. Dabei sind es gerade die fehlgeschlagenen Ereignisse, die uns beständig durch fortwährende Neuorientierungen und Feinabstimmungen unseren Weg Schritt für Schritt klarer definieren und uns am Ende zu einem bewussten und empathischen Menschen reifen lassen.

Mag es sein, wie es ist; es besteht nun ein ganz wesentlicher Unterschied: Ihr Vertrauter, der nun in der Welt voller Freude, Liebe, Begeisterung, Glückseligkeit und so vielen mehr dieser unbeschreiblich glücklichen Zustände ist, wünscht sich sicherlich nichts sehnlicher, als dass auch Sie sich so frei wie möglich fühlen mögen. Er selbst hat nun erfahren, dass es nicht um Schuld und Strafe geht, sondern einzig um die echte, bedingungslose Liebe. Vertrauen Sie sich ihm an und gewähren Sie sich mit seiner Unterstützung Ihre eigene Vergebung. Bedenken Sie dabei, dass Ihre Freude auch seine Freude ist. So können Sie zusammen noch mehr Licht auf die Brücke zaubern und sich auf die neue Einheit zubewegen.

SELBSTVERGEBUNG

Dies alles möchte ich mir mit deiner Hilfe selbst verzeihen:

Ho'oponopono

Es gibt viele Arten, wie wir Vergebung und Selbstvergebung praktizieren können. Eine weitere, sehr wertvolle Möglichkeit möchte ich Ihnen noch ans Herz legen, da ich das Auflösen von Altlasten als einen unvermeidlichen Schritt zu innerer Heilung einschätze. Sie heißt Ho'oponopono und ist ein uraltes hawaiianisches Vergebungsritual, das auch heute noch eine hohe Aktualität besitzt. Es bedeutet, etwas richtigzustellen, wieder heil zu machen und in das Gleichgewicht des Lebens zurückzuführen. Wir stören unser inneres Gleichgewicht, wenn wir Konflikte nicht sanft und liebevoll heilen und wieder loslassen können.

Ho'oponopono lädt Sie zur Rückkehr in diese universelle Energie ein und schenkt eine weitere Möglichkeit der Verschmelzung mit sich selbst, dem Leben und in unserem besonderen Fall mit Ihrem vertrauten Menschen. Und wie soll das funktionieren, fragen Sie sich vielleicht jetzt? In diesem überaus wertschätzenden Ritual der Liebe sich selbst und anderen gegenüber betrachten Sie Ihre menschlichen Schwächen nicht mehr als einen Feind, sondern als eine Aufgabenstellung. Diese innere Umkehr wirkt befreiend und wird Ihnen viel Selbstwert schenken. Es geht um das tiefe Begreifen des Menschseins, das die Gefühle wieder ordnet. Und je mehr Sie sich dem Leben gegenüber als wertvoll und angenommen betrachten, desto mehr können Sie die Vorstellung tolerieren, dass auch Sie persönlich es wert sind, auch jetzt noch mit Ihrem geliebten Menschen über die verschiedenen Dimensionen hinweg verbunden zu sein. Ho'oponopono kann ein bedeutender Schlüssel hierbei sein. Seine Anwendung bezeugt alleine schon die Bereitschaft, Ihren alten Schmerz an eine höhere Kraft zu übergeben und dadurch Läuterung und Verbundenheit zu erfahren. Denn immer, wenn wir Wut, Ablehnung, Zorn oder ähnliche Gefühle in uns tragen, fügen wir uns selbst Schaden zu.

Diese innere Heilarbeit umfasst für das jeweilige Ereignis, das Sie beleuchten und auflösen möchten, vier Schritte, die Sie auf sich selbst und auch auf ihn beziehen können.

Erster Schritt: Es tut mir leid.

An Ihre eigene Seele gerichtet:

Ich erkenne, dass ich unschönen Gefühlen in meinem Herzen Raum gegeben habe, was mir nun im Rückblick leidtut. Ich beginne zu begreifen, dass ich nicht nur meinem lieben Menschen, sondern ebenso mir selbst damit Leid zugefügt habe. Meine Seele leidet, wenn ich das Feld der Harmonie verlasse und mich hässlichen oder bitteren Gedanken ausliefere. Nun bin ich offen für meine Schatten und wehre mich nicht gegen sie. Im Gegenteil heiße ich sie willkommen, höre ihnen zu und empfinde Güte für ihr Dasein. Denn sie berichten mir von meinen tiefsten Bedürfnissen.

An ihn gerichtet:

In ähnlicher Form formulieren Sie nun, was Sie ihm zugemutet haben und Ihnen nachträglich leidtut.

Zweiter Schritt: Bitte vergib mir.

An Sie selbst gerichtet:

Wenn Sie mit sich uneins sind, das Gefühl haben, sich selbst geschadet zu haben, benötigen Sie dringend Ihre eigene gütige Vergebung. Sich selbst zu verurteilen bedeutet Stillstand und das Verharren in tiefsitzenden Blockaden. Sie wissen, dass wir durch Fehler lernen und dass sie unsere Lehrer sind. Danken Sie Ihren Lehrern für die wichtigen Erkenntnisse und schenken Sie sich gerade deshalb bewusste Vergebung.

An ihn gerichtet:
Verzeihen Sie ihm im gleichen Geiste. Was Sie schmerzte, waren seine Lernerfahrungen, mit denen er Sie konfrontierte und die er selbst noch nicht wirklich begreifen konnte. Deshalb konnte er Sie auch nicht davor schützen.

Dritter Schritt: Ich liebe mich und dich.
An Sie selbst gerichtet:
Erkennen Sie an, dass Sie nicht Ihre Biografie oder Ihr Körper, sondern eine sehr wertvolle Seele sind, die auf diese Erde kam, um Erfahrungen zu sammeln. Aber Sie sind nicht die Erfahrungen. Sie sind eine unendlich reiche Facette dieses Lebens. Sie sind einmalig und durch und durch liebenswert. Seien Sie gut zu sich und schenken Sie sich jetzt, vielleicht sogar zum ersten Mal, bedingungslose Liebe.

An ihn gerichtet:
Ich liebe dich bedingungslos, rein und uneingeschränkt. Was geschah, hat keine Bedeutung mehr.

Vierter Schritt: Danke.
Ich danke mir und dir dafür, dass wir uns vergeben und unsere Wunden in Licht und Liebe verwandelt haben.

Meine tiefsten Empfindungen:

Wie wir uns ausgehalten haben

Wir Menschen haben unseren Blick meist viel zu sehr darauf gerichtet, was wir uns wünschen, was wir brauchen und ganz besonders, wie wir gerne von anderen gesehen werden. Wer nicht selbst schon ein hohes Maß an Authentizität besitzt, der ist sich sehr wenig bewusst darüber, dass er anderen Menschen gegenüber eine hohe Anpassungsleistung erbringt, weil er sich davon Zustimmung, Anerkennung, aber auch Bewunderung, Liebe und vieles mehr erhofft. Ohne es also zu erfassen, tasten wir deshalb intuitiv unser Gegenüber ab, um höchstmögliche Übereinstimmungen zu erzeugen. Bei den Menschen in unserem unmittelbaren Umfeld verhält es sich im Lebensalltag größtenteils umgekehrt. Da ist sehr viel Routine im Spiel.

Wir alle wurden vom Leben individuell geformt; wir haben unterschiedliche Charaktere ausgebildet, nehmen die vielen Bereiche des Lebens unterschiedlich wahr und werten sie auf eigene Weise. Das ist ganz natürlich. Das Besondere daran ist jedoch, dass trotz dieses Wissens unsere Sinne hierfür nur sehr wenig geschärft sind. So werden unsere grundsätzlichen Überzeugungen, die wir ganz natürlich ausleben, von unserem Gegenüber nicht selten anders bewertet und erfordern eine hohe Toleranz von ihm.

Ich spreche hier also nicht von einzelnen Handlungen, sondern von unserer inneren Haltung. Darin liegt ein großer Unterschied.

Für diesen offenen und mutigen Blick möchte ich Sie gerne gewinnen. Ich weiß nicht, worin Sie und Ihr Seelengefährte sich im gewöhnlichen Alltag unterschieden haben. Deshalb möchte ich zum besseren Verständnis einige mögliche allgemeine Beispiele als Anregung benennen:

- Einer ist offen für Neues, der andere hält lieber an Bekanntem fest
- Einer ist eher introvertiert, der andere mitteilungsbedürftig
- Einer weiß gerne alles besser, und der andere möge sich seinen Überzeugungen anschließen
- Einer spricht gerne über Probleme, der andere bevorzugt Verdrängung
- Einer ist kreativ und ausgelassen, der andere ist in Gewohnheiten verhaftet usw.

All dies sind Haltungen, die wir im Laufe unseres Lebens angenommen haben. Jeder ist eben so, wie seine Geschichte ihn geformt hat. Und es geht auch nie darum, ob eine Seite besser ist als die andere, genauso wenig, wer denn recht haben könnte oder sollte. Es geht alleine um das bewusste Anerkennen individueller Charaktere.

Und wenn Sie mögen, können Sie nun liebevoll gemeinsam darüber nachsinnen, was Ihr lieber Mensch an Ihnen geduldet und manches Mal vielleicht auch erduldet hat und umgekehrt. Denn nun können Sie ganz bestimmt darüber lächeln und alles mit gütigem Herzen verstehen. Auch dies sind wundervolle Momente der Hingabe.

So denke ich beispielsweise gerne und viel daran, wie mein Mann meine Wesensart, die so konträr zu seiner eigenen war, respektvoll und geduldig ausgehalten hat. Er stand mit beiden Beinen auf der Erde, war stark und unbeugsam. Ich dagegen sah und sehe in allen Vorgängen das große Leben dahinter und versuche zu ergründen, was es mich lehren möchte. Und so hat er mich ausgehalten, und zwar geduldig. Jeden Tag aufs Neue, ohne es je zu thematisieren. Früher nahm ich dies als selbstverständlich hin. Heute weiß ich, wie umsichtig und liebevoll es war. Vielleicht feiern auch Sie ein Ritual mit Ihrem Vertrauten und danken für all die unterschiedlichen Haltungen, die Ihr Zusammensein beeinflusst haben und in deren Ausprägung er Sie und Sie ihn immer wieder ganz selbstverständlich ausgehalten haben, einfach weil Sie beide so waren, wie Sie waren, und es auch sein durften. In dieser Erkenntnis liegt tiefe Weisheit und jede Menge Liebe, die Sie nun gemeinsam zum Leben erwecken dürfen.

AUSHALTEN

Ich danke dir dafür, dass du mich in so vielen Dingen ausgehalten hast. Zum Beispiel als …

SEIN LASSEN

Hier durfte ich lernen, dich in deiner Andersartigkeit auszuhalten:

Heilende Rituale

Den Garten des Paradieses betritt man nicht mit den Füßen, sondern mit dem Herzen.

Bernhard von Clairvaux

Nun kommen wir zu den Ritualen, die für Sie eine besonders heilende Wirkung haben können. Denn hierbei erfahren Sie nicht nur Herzensöffnung und Sich-verschenken, sondern Sie ermöglichen Ihren tief verborgenen und verdrängten Seelenanteilen eine aufrichtige Teilhabe an Ihrem Leben. Auch Ihr Seelenfreund hatte zurückgehaltene Emotionen und weiß nun, wie wichtig und heilend das Auflösen dieser Blockaden sein kann. Er möchte Ihnen beistehen, wieder ganz zu werden, sich selbst zu lieben und sich selbst Ihr bester Freund zu sein.

Was ich dir nie sagen konnte

Dieses Ritual finde ich überaus heilend für Ihre Beziehung, die Sie nun im Nachhinein vergolden möchten, aber auch für Sie selbst. Mit den eigenen Gefühlen ist das eben so eine Sache. Wir erleben die ganze Palette von glücklichen bis traurigen oder schweren und niederdrückenden Gefühlen. In den seltensten Fällen haben wir Menschen gelernt, unsere Schattenseiten als Teil der menschlichen Biologie anzuerkennen und zu respektieren. Vielmehr versuchen wir, das Unangenehme vor uns selbst, aber auch vor anderen zu verbergen. Das gelingt nicht immer, aber wir tun unser Bestes, uns nicht noch aus eigenem Antrieb in peinliche Situationen zu bringen. Und viele Erfahrungen, die wir durchlebt haben, empfinden wir als überaus schambesetzt. Wir schämen uns für all das, was uns angetan wurde, und was wir fühlten, aber nicht fühlen durften.

Dies deshalb, weil wir nicht differenzieren konnten, dass die teilweise verschrobenen Werte, die uns vermittelt wurden, nichts mit uns zu tun hatten, sondern nur ein Auswuchs der Unzulänglichkeiten des Verursachers war. Er sah das Schlechte in uns, sonst niemand. So nehmen die Dinge ihren Lauf, und uns bleibt verborgen, dass alle Gefühle, die wir in uns tragen, von außen ihren Ursprung fanden: Als Kind ist man nicht der Schöpfer der Dinge, sondern der Empfänger. Das Gehirn ist wie ein weißes Blatt am Anfang des Lebens. Es wird beschrieben von vielerlei Menschen. Manche sind voller Liebe, Poesie und Weisheit; andere von Wunden schwer gezeichnet, verbittert oder von Unwissenheit geleitet, und alle schrieben sie ihre Überzeugungen in unser Lebensbuch.

Heute noch, in unserer aufgeklärten Zeit, ist es in den meisten zwischenmenschlichen Beziehungen Alltag, dass peinliche Gefühle verdrängt und nicht ausgesprochen werden.

Umso segensreicher wird es, wenn Sie nun bei diesem Ritual mit dem Aussprechen beginnen. Es schafft eine immense Nähe und Vertrautheit, wenn Sie sich von Ihrem lieben Menschen, der nun in einer hohen Frequenz schwingt und alles geläutert verstehen kann, in die Arme nehmen lassen und sich ihm offenherzig anvertrauen. Erzählen Sie ihm von Ihren gehüteten Geheimnissen, Ihren unausgesprochenen Ängsten und all Ihrem Unvermögen, das sie stets sicher verwahrt haben. Wenn Sie damit aufrichtig beginnen, werden Sie eine große Befreiung spüren. Ab dem Tag, da diese verborgenen Erfahrungen und Geheimnisse laut ausgesprochen werden, geben Sie ihnen einen Raum, in dem sie sich zeigen, ihren Kerker verlassen und vielleicht zum ersten Mal das Tageslicht sehen dürfen. Mit Ihrer eigenen Bejahung und der Ihres Vertrauten schenken Sie diesen Anteilen Ihres Selbst die Erlaubnis, ein lebendiger Teil Ihrer Biografie zu sein und als solche unvergessen mit Ihnen zu leben. Aber die einschränkenden Gefühle, die mit diesen Erfahrungen verschmolzen sind, können heilen, das heißt, ihren Einfluss auf Sie verlieren, wenn sich Ihr Licht und Ihr Schatten zu einem einzigen Herzschlag vereinen.

WAS ICH DIR NIE SAGEN KONNTE

Darüber konnte ich nicht mit dir sprechen:

....

....

....

....

....

....

....

....

....

Diese Gründe haben mich zurückgehalten:

....

....

....

....

....

....

....

....

....

....

Wer oder was hat diese Gefühle in mich gelegt?

Wie kann mein Weg der Heilung aussehen?

Welche Sehnsüchte ich nie benennen konnte

Dieses Ritual öffnet den Raum für all die nie formulierten Sehnsüchte, die unzähligen, uneingestandenen und unausgesprochenen Träume. Eine zwischenmenschliche Beziehung ist die Plattform all dieser so wichtigen Bedürfnisse. Aber erfüllen können sie sich nur, wenn beide nicht nur miteinander kommunizieren, sondern es verstehen, in einen tiefen Dialog zu treten. Ein echter Dialog bedeutet hinhören, hineinfühlen, verstehen, helfen, begleiten, erlösen wollen. Er öffnet diesen magischen Raum des inneren Kindes, in dem alles sein darf, wo selbst das Hässliche schön wird, wenn es mit den Augen der Liebe angenommen und verwandelt wird. Dieses innere Kind steht für jene Anteile in jedem von uns, die uns wieder in die Situation der Bedürftigkeit versetzen. Dieser emotionalen Bedürftigkeit sind wir noch immer hilflos ausgeliefert, wenn wir nicht die Verhaltensweisen, die sie kaschieren sollen, erkennen und bewusst ändern.

Fühlen Sie nun in Ihre tiefsten Sehnsüchte hinein, deren Erfüllung Sie sich gewünscht haben, die Sie aber dennoch nie benennen konnten, und legen Sie sie in das Herz Ihres noch immer geliebten Menschen.

SEHNSÜCHTE

Diese Sehnsüchte konnte ich nie benennen:

Was hat mich zurückgehalten?

Meine Sehnsüchte gehören zu meinem inneren Kind.
Wie könnte ich es trösten?

Sich mit dem Leben verbinden

Gläubige Menschen kennen das Gebet, um mit Gott in Kontakt zu treten. Es impliziert das Anerkennen einer anderen Welt, die vollkommen, liebevoll und vor allem beständiger als unsere eigene ist. Vielleicht haben Sie schon eigene Erfahrungen gemacht, die Ihnen halfen, Ihren Glauben in Gewissheit zu verwandeln.

Vielleicht auch nicht. Doch nun haben Sie ganz besonders die Einladung, sich dem Leben in einer weiteren Dimension anzuvertrauen, ihm die Chance zu geben, Sie tief zu berühren, zu leiten, zu trösten und die Nähe zu Ihrem lieben Vertrauten zu fühlen. Ihr Leben wird sich dadurch verändern. Vielleicht möchten Sie nicht beten, aber möglicherweise vertrauen Sie sich dem großen Leben an oder diesem unendlichen Universum, von dem wir ein wundervoller Teil sind. Nehmen Sie dieses Leben ernst.

Und in dem Maße, wie Sie sich ihm öffnen, wird es sich positiv entwickeln. Ein alter Weisheitsspruch sagt: Energie folgt der Aufmerksamkeit. All jenes, dem wir unsere Aufmerksamkeit, Gedanken und Gefühle zuwenden, verstärkt sich. Denken wir an Probleme, werden sie mehr und mehr Teil unseres Lebens, denn unsere Überzeugungen sind starke Energien, die sie nähren. Wenden wir uns aber hoffnungsvollen Dingen zu, werden diese größer und größer. Henry Ford sagte einmal: »Ob du glaubst, dass du etwas kannst oder es nicht kannst, du hast recht.« Dies sind sehr wichtige Einsichten, denn sie lassen uns wissen, dass auch wir in großen Teilen Gestalter unseres Lebens sind.

Deshalb möchte ich Sie gerne motivieren, dieses unsichtbare Leben, das hinter allem Sichtbaren steht und nun auch das Zuhause Ihres geliebten Menschen ist, vertrauensvoll zu berühren, sich mit ihm zu verbinden und Ihren derzeitigen Kummer in seine liebevollen, barmherzigen und über alle Maßen fürsorglichen Hände zu legen. Vertrauen Sie auf diese kostbare Unterstützung, und die Antwort wird nicht ausbleiben. Selbst wenn sie ganz anders erscheint, als Sie sich das vorgestellt haben. Probieren Sie es und werden auch Sie dadurch dem Leben ein würdiger Freund. Zusammen mit der Kraft und dem Herzen Ihres Gefährten in der anderen Welt wird es Ihnen gelingen. Schließen Sie die Augen, halten Sie sich an den Händen und lassen Sie sich davontragen in eine neue Wirklichkeit. Spüren Sie auch in dieses endlose Universum hinein, das chaotisch und wirr erscheinen mag, in dem aber, wenn man genau hinschaut, alles aufs Beste funktioniert, alle Rädchen ineinandergreifen und kleine Ereignisse, die wie zufällig scheinen, größere und wichtige Abläufe vorbereiten und anstoßen.

Und bitten Sie Ihren Lieben um Zeichen. Vielleicht schenkt Ihnen jemand im rechten Moment ein Buch, oder Sie schalten eine Sendung ein, die Ihnen weiterhilft, oder Sie begegnen einem netten Menschen, der im richtigen Moment die richtigen Worte zu Ihnen sagt. Das Leben ist so groß und vielschichtig. Es wird immer Wege finden, dass Sie es finden.

SICH MIT DEM LEBEN VERBINDEN

Wie kann ich mich mit deiner Hilfe tiefer mit dem Leben verbinden?

....

....

....

....

....

....

....

....

....

....

....

....

....

....

....

....

....

....

....

....

....

Wir bleiben verbunden

Nun bist du in der Lichtwelt, die alles Leben erschafft und durchdringt und auch mein weiteres Schicksal webt. Als du noch auf der Erde warst, konnten wir zusammen sein, uns beistehen und uns alles schenken, wessen wir bedurften. Nun habe ich in dir einen weiteren Engel an meiner Seite, der mich auf meinem Lebensweg mit seiner tiefen Weisheit führt und anleitet und mir sanft, verständig und liebevoll die Richtung weist. Du darfst jetzt immer bei mir sein, wenn ich dich brauche, und mich mit deinem großen Herzen umsorgen.

Möge mein Schmerz mit deiner Hilfe heilen, damit ich zu neuen Horizonten und Lebensräumen aufbrechen darf. Lass mich deine Gegenwart in kurzen Momenten immer wieder erspüren und erahnen, damit ich die Kraft finde, vertrauensvoll weiterzuleben. Eines Tages, wenn meine Aufgaben alle vollbracht sind, werden wir uns wieder in die Arme schließen.

WIE ES WEITERGEHT

Das wünsche ich mir konkret von dir:

Dafür brauche ich deine besondere Unterstützung:

In diesen Momenten konnte ich dich spüren:

Die Begegnung mit meinem verstorbenen Mann

Ich glaube, dass wenn der Tod unsere Augen schließt,
wir in einem Lichte stehen,
von welchem unser Sonnenlicht nur der Schatten ist.
Arthur Schopenhauer

Am Ende dieses Buches möchte ich Sie, um Ihnen noch etwas mehr Mut zuzusprechen, an der Begegnung mit meinem verstorbenen Mann teilhaben lassen. Begegnungen mit unseren Verstorbenen finden sehr oft im Schlaf statt, wenn unsere Seelen nicht mehr unserem Verstand und unseren Konditionierungen und Überzeugungen unterworfen sind. Ich unterscheide hierbei sehr genau zwischen einem Traum und einer Begegnung. Für mich hat ein Traum eine Geschichte oder einen Ablauf, der mit Vernunft oder Logik, zeitlichen Abläufen, Orten, Lebensalter usw. nichts zu tun hat. Es sind vielerlei Eindrücke, die sich in unterschiedlichsten Bildern aneinanderreihen.

Begegnungen mit Verstorbenen sind in meinem Erleben dagegen vollkommen anders. Sie haben keine Traumgeschichten. Es sind vielmehr klare, intensive Begegnungen mit ihnen in dem umfänglichen Wissen, dass sie verstorben sind und wir uns gerade auf einer geistigen Ebene begegnen. So schenkte auch mir mein Mann in der dritten Nacht nach seinem Heimgang ein kurzes, aber unendlich berührendes Zusammensein.

Er kam plötzlich zu mir. Ich war so unbeschreiblich glücklich, ihn noch einmal sehen und vor allem noch ein einziges Mal seine Hände halten zu dürfen. Er hatte ein wundervolles Leuchten um seinen Kopf und lächelte sanft. Dann sagte er tröstend: »Du musst mich nicht so festhalten. Ich werde in euren Herzen immer bei euch bleiben. Ich werde euch nie alleine lassen.« Im nächsten Moment war die Begegnung vorüber.

Es war für mich eine durch und durch stärkende Erfahrung, die mir großen Mut und viel Kraft schenkte. Doch weiß ich, dass jedem anderen die gleiche Gnade zuteilwird, ganz gleich, ob er sich später daran noch erinnert oder nicht, ob er sie anerkennt oder leugnet. Dies spielt keine Rolle. Wir alle werden gleichermaßen geliebt, denn wir sind alle ganz wundervolle und gleichwertige Wesen dieser lichten Welt.

Schlussworte

**Am Ende wird alles gut. Und wenn es nicht gut ist,
dann ist es noch nicht das Ende.**
Fernando Sabino

Ich wünsche mir sehr, dass ich mit meinen Gedanken und Erfahrungen etwas in Ihnen anklingen lassen konnte, das Ihnen Zuversicht schenkt und eine eigene Vision dieses großen Lebens vermittelt. Vergessen wir dabei nie, dass das Göttliche allein mit reinem Herzen gefunden werden möchte. Erst die Bereitschaft, sich auf eine unbekannte, neue Wirklichkeit einzulassen, kann den Paradigmenwechsel ermöglichen und das bisher Unvorstellbare erlebbar machen.

Tauchen Sie ein in die Welt bedingungsloser Liebe. Dort können Sie ein neues Band zu Ihrer so vertrauten Seele knüpfen, das auf ewig gesegnet sein wird.

Über die Autorin

Bärbel Mechler ist Autorin, ausgebildete Heiltherapeutin und Kommunikationstrainerin mit dem Schwerpunkt auf Krisenintervention und Coaching von Opfern psychopathischen Missbrauchs. Ihre spirituellen Erfahrungen nach dem Tod ihres Ehemannes vertieften ihren Glauben, dass die Verstorbenen in der Lichtwelt weiterexistieren und Kommunikation mit ihnen auf einer anderen Ebene möglich bleibt. Daraus entstanden Rituale, die Trauernden Trost, Kraft und Licht in schweren Zeiten spenden.

Mehr Infos:
www.wir-bleiben-verbunden.de

Impressum

1. Auflage

Projektleitung: Inga Heckmann
Lektorat: Martin Stiefenhofer
Satz und Herstellung: Timo Wenda
Umschlaggestaltung: OH JA!, München,
unter Verwendung eines Motivs von © shutterstock/decentchaos
Illustration Innenteil und Umschlag: © shutterstock/elenabkb_2450853905

Druck und Bindung: CPI books GmbH, Leck
Printed in the EU

FSC www.fsc.org MIX Papier | Fördert gute Waldnutzung FSC® C083411

Penguin Random House Verlagsgruppe FSC® N001967

ISBN 978-3-424-15482-5